Den Himmel noch einmal seh'n

Für meine Familie und alle, die mich
zum Träumen ermutigen und mich
träumen lassen.

Karin Wegner

Den Himmel noch einmal seh'n

–Gedichte –

Bibliografische Information der Deutschen Nationalbibliothek:
Die Deutsche Nationalbibliothek verzeichnet diese
Publikation in der Deutschen Nationalbibliografie; detaillierte
bibliografische Daten sind im Internet über
< http://dnb.d-nb.de > abrufbar.

© 2007 Karin Wegner
Fotos: Karin Wegner
Satz, Umschlagdesign, Herstellung und Verlag:
Books on Demand GmbH, Norderstedt
ISBN: 978-3-8334-7932-8

Inhalt

Der Mond

Der Mond wiegt sich schlafversunken
in des Himmels Daunenschicht.
Die gold'ne Sichel weit geschwungen,
sagt mir leise ins Gesicht,
bald ist wieder Tageslicht.

Der Morgenwind

Ein reges Lüftchen erhebt sich munter
in das Tal hinunter.
Leise umhaucht es mein Haar
und wiegt es im Sonnenklar.
Doch ich schau ihm keck ins Gesicht
und sag ihm:
Mich störst du nicht.

Der Regenbogen

Es war einmal ein Regenbogen
leuchtend voll Farbenkunst,
der Funken sprühte
in des Himmels Blau.

Doch wenig später:

Ein matter Schatten
verschwommen im Farbendunst,
zerflossen in des Himmels Grau.

An den Wind

Ich mag dich,
wenn du zärtlich
mein Haar behauchst,
wenn du den Knospen
ihre Wärme lässt,
wenn du
den letzten Schnee zerstäubst.

Abends in Kuba

Lilabeschlagener Himmel
blüht wie eine Lilie.
Unter dir
zirpt der Grillensommer
lateinamerikanische Rhythmen.
Ich pflücke mir die Blüte,
flechte sie ins Haar.

Sommerabend

Ich stehe am Strand.
Der See –
ein seidig glimmender Teppich,
auf dem die letzten Sonnenstrahlen
spielen.
Sandig umspült er meine Füße.
Für mich
ist es der Abschied.

Sonnenstrahlen

Ich mag die Sonne
mit ihren Strahlen,
weil sie mich mit ihrer Wärme streicheln,
weil sie das Blau eines Sees,
das Grün des Laubes beleben –
und auf meinem Gesicht
ein Lächeln malen.

Septembermorgen

Sacht tret ich auf den Teppich.
Leis
knirscht taubenetztes Silbergras,
bestreicht meine Schuhe
mit morgendlicher Frische.
Über'n Feld ruht milchig
ein Nebelschweif.
Verschwommen ahn ich
graubelaubte Wälder.

Geh ich in den Nebeldunst,
haucht er mir ins Gesicht.
Hör ich den Ruf der Wildenten,
blick ich in die Höh',
erblicke sie nicht.

Morgenrot

Siehst du dort am Horizont
den Sonnenball aufsteigen?
Beschattet ist er im Morgengewölk.
Weit hinein legt sich sein Tuch.
Es tüncht die Wolkendecke rot
wie den Andenstaub von Chile.

Zugvögel

Der schneidende Oktoberwind
zerflockt des Himmels Wolkenmantel.
Ich seh
die letzten Graugänse zieh'n.
Ihre Schreie verhallen.
Das Schilf ist vergilbt und leer ...

Warum Kinder eine Sonne malen

Auf einem Stück Papier
sehe ich eine Sonne
mit Kindergesicht.
Ihre Augen lächeln:
Ich möchte gern Murmeln spielen.
Ich möchte, sagt sie,
auch gern lesen
und mit meinen Strahlen
Bilder malen.

Erinnerung

Erinnere dich
an mich.
Wir gingen
durch deine Straßen –
du Pole
ich Deutsche
an jenen Sommertagen.
Nichts,
das wir seither vergaßen,
jetzt versuchen einander zu versteh'n.

Entdeckungen

Im Spiegel –
meine kindhafte Unvernunft,
eine Blume im regennassen Haar,
im make-up- farbenen Gesicht
ein verlegenes Lächeln.
Ich entdecke zarte Konturen,
den Blütenstaub des Besinnlichen.

Auseinander

Du gingst wortlos.
Ich wurde eine Statuette.
Regen perlt von den Bäumen,
küsst mein Gesicht,
zärtlich mein Haar,
streift meine Hände.
Meine Augen benetzen sich.
Vergilbt ist dein letztes Blatt,
deine Stimme
kalt und leer.

Trennung

Tränen verhauchen.
Ich sehe deine Hand
nebelverschwommen.
Honigduft blieb
von zartblühender
zarter Begegnung.

Geheimnis

Milchweißer Blütenschnee
fällst auf flüsternde Gräser.
Malst vor meinem Fenster
ein Mosaik.
Möchte in dir lesen,
bist wie ein zerrissener Brief.

Vergessen

Es war zur Himbeerzeit
als dein Mund
den meinen berührte,
als du für mich versuchtest,
das Blau vom Himmel zu pflücken.
Doch das Blau wurde grau.

Vergangenheit

Ich suche dein Gesicht
in ergrauter Asche,
im nostalgischen Laub –
zerbrochen.
ich versuche es zu restaurieren,
blicke auf venezianisches Glas.

Im Scheinwerferlicht

Auf der Bühne »Mark Aurel ...«
Die Diagnose:
mein Charakter –
ein einsamer Möwenschrei.

Ich laufe in meine Schattenlinie,
suche mich,
begreife mich –

ein zerbrochener Kuss,
mein müdes Gesicht,
mein Studium –

in einem samtenen Kissen.

Ich laufe gegen das Uferlose,
suche nach einer Straße.

(Inspiration zum Bühnenstück
»Mark Aurel oder
ein Semester Zärtlichkeit«
Landestheater Neustrelitz)

Kindheitserinnerungen

Ich versinke
in matte, lebendige Bilder,
in den Schatten –
herber Kornblumen,
der graziösen Unendlichkeit,
der kindhaften Bitternis.
Aus hauchdünnen Splittern
wächst ein Fenstermosaik.

Momentaufnahme 1

Blues – Sound.
Schatten flüchten
übern Gesicht.
Ich vergess mich
in Samtblumen,
in mein Traumamerika.
Gefesselt und getragen
geb ich mich,
beschwingt und kess.

Wenn etwas verbrennt

Ich blättere in dem Buch der Jahre.
Der Wind weht in den Seiten.
Du erwachst aus meiner Traumwelt,
streifst den Schnee von dir.
Ich wärm mich
am zarten Atem eines Wortes.
Ich rezitiere
deinen zerbrechlichen Satz,
den zerrissenen Dialog.

Wenn der Traum zu Ende ist

Einen Moment nur
in Phantasieblumen schweben,
einmal ich sein,
auf Glas
Küsse hauchen,
meine Gedanken
in den Regen malen,
auf ruhendes Granit blicken.
Dann wach auf.

Rotkäppchen – Monolog

Ich frage dich oft.
Warum ist das Gras grün,
die Tulpe rot,
der Nebel feucht?
Warum ein monumentaler Zaun,
eine elegische Wand?
Ich blicke auf,
in deine suchenden Augen.

(geschrieben 1982)

Meditation einer Behinderten

Auf einer Parkbank –
gebettet in sanfter Ruh,
die Sonne deckt mich leise zu.
Gedankenvolltrunken –
blick ich in die See,
spür die Unendlichkeit.
Behindert zu sein –
Unendlichkeit?
Ich schau der Geisel ins Gesicht,
nehme es an,
atme,
lebe.

Trassenheide

Abschied ohne Wort –
werf ich einen Schleier über diesen Ort,
geh durch die winterliche Ruh –
auf gefrorenem Sand mit meinen Schuh.
Ein letzter Möwenschrei –
ich fühl mich nicht so frei.
Ein Bernstein den ich hier verlor,
etwas Neues ich mir erschwor.

Dialog

Zwischen Romanik und Gotik
im Kerzenschein
eine Tänzerin
wild im Flamencoschritt
den Fächer entfaltend,
andalusisch,
ungezähmt.

Eine Libelle
im Wüstensand
träumend von Fatima
im Klang des Santur

die Kulturen vereinend.

(Inspiration am 22.06.2006 zu
»Persische Klassik und Flamenco«
ein Dialog der Kulturen in der
evangelischen Kirche in Krummin)

Die Einladung

Der Wind zerflockt des Wolken Mantel.
Eine Sonnenflut bricht über mich hinein.
Einsam schaut die Oie herüber.
Muscheln stranden –
grüßend –
zu einem Pfad –
einladend.
Ich nehme es an.

Das Leben

Ich dreh mich
wie ein Karussell.
Die Jahre verfliegen –
viel zu schnell,
zähl Jahr für Jahr,
Runde für Runde.
Ich fahr –
so bunt durch die Jahreszeiten,
mit Musik –
durch Berg und Tal.
Irgendwann ein HALT –
es lässt mir keine Wahl.

Angekommen

Ich bin
nur Gast auf Erden,
ein Flügelschlag im Zeitenwind,
ein Schmetterling flatternd,
den lichtfarbenen Nektar suchend
und dennoch –
gefangen in Raum und Zeit.
Ich bin
nur als Gast gekommen,
für einen Moment nur –
SEIN
um dann zu gehen.
Die Freiheit liebend,
die Endlichkeit spürend –
kehre ich heim.

Prosit Neujahr!

Prosit Neujahr!
So sagen wir,
verabschieden das Alte.
Was wird es uns bringen
das Neue?
Wünsche gibt es viele.
Erwarten wir zu viel,
das manches nicht gelingt?
Nach einem Unfall kommen Zweifel.
Das war nicht,
was ich mir wünschte,
und dennoch hab ich Glück:
ICH BIN NOCH DA,
auch wenn ich mich nicht wieder erkenne.
Prosit Neujahr!
Wieder ein Neues.
Wo führst du mich diesmal hin?
Eine Sternschnuppe im Sternenmeer –
wünsch dir was!
Ich kann es nicht.

Erfolg

Was hab ich noch vom Leben,
wenn ich Erfolg hab,
und dann nichts mehr kommt?
Ich zehre mich auf.
Bleibende Sehnsucht –
schreit in mir.
Endlose Träume –
werden leer.
Ich fürchte mich.

Das Schneckenhaus

Ich lebe im Schatten meiner selbst,
igel mich ein in mein Schneckenhaus,
kuschelig warm,
träumerisch –
mein Urlaub gestern –
mein Sonnenmeer.
Strahle meine Fühler aus,
will's noch mal erleben.
Doch die Welt
kalt und grau, lässt mich erfrier'n.
Der Alltag frisst mich auf,
der monotone Takt.
Ich flüchte in mir,
in den Schatten meiner selbst –
mein Schneckenhaus,
spiele Verstecken wie in Kindheitstagen.

Dem Abgrund nahe

Eine Liebe im Keim ersticken –
grausam.
Eine Knospe nicht zur Blüte wuchs.
Was nicht sein darf,
soll nicht sein.
Auf einen Grat wandelnd,
ein Artist auf einem Seil –
tief in den Abgrund sehend,
sterbe ich.

Es war nichts geschehen.

Gedanken an ...

Lasst mich lachen.
Lasst mich weinen.
Lasst mich leben,

sterben.

Niemand will mich seh'n.

Harlekin in schwarz
und weiß,
ein Auge lachend,
ein Auge weinend.

Schutzengel

gefallener Engel

Wo warst du?
Wo bist du?
Verlorene Seelen
wandelnd,
suchend
im Lichtermeer.

Ich will
den Himmel
noch einmal seh'n.

(geschrieben Oktober 2006)

Hunger auf Leben

Gefangen in mir selbst –
wie klein die Welt.

Gebt mir das Brot,
dass ich essen kann.
Ich habe Hunger,
Hunger auf Leben.

Ich bin der Star,
der wieder fliegen kann.

An dich

Ich bin die Tigerin,
die dir –
dein Fell krault,
die um dich schleicht,
wenn du –
dich nicht fühlst.

Dein samtenes Fell mich berührt,
dein Tigerauge mich beschaut,
dein Feuer in mir
die Flamme zum Lodern bringt –

seelenvereinend.

Wir lieben uns noch immer.

Der ungleiche Kampf

Ich –
das Kaninchen,
Du –
der Wolf.

In die Ecke getrieben,
friss oder stirb.

Lieber fress ich den Wolf,
als du das Kaninchen.

sternbild skorpion

zinaan ek –
sterne des skorpions
indianisch

als totem kluge schlange
sich dreimal häutend im jahr
sich wandelnd von einer sekunde zur anderen
das opfer umschleichend
der biss –
die supernova –
der radikale schnitt
extrem der extreme

du musst mich ertragen
schau in den sternenhimmel
suche mich –
zinaan ek

Diagnose: Hausfrauen –
Perfektionismus

Clean,
rein,
mikrobenfrei ...
Bin ich beim Doktor?
Da ein Krümelchen,
noch ein Fusselchen ...
Wem stört das?
Mich!
Mundschutz tragen!
Jetzt reicht's!
Ich muss wohl doch zum Doktor.
...
Entlassen
Ergebnis:
Müllbude
gesund.

Mobbing

Sag mal,
was ist das für ein Affenverein,
in dem du arbeitest?
Sind das noch Menschen?
Leben das Leben der Affen,
nach Rangordnung,
sich groß tuend,
auf die Brust trommelnd.
Wehe,
du tanzt aus der Reihe.

Ist doch
affengeil,
bissig,
tierisch,
affig.

Chefs unter Chefs,
alle männlich.

Du bist einfach zu intelligent.

Die Puppe Namens ICH

KAPUTT
linkes Knie
KAPUTT
rechtes Knie
KAPUTT
rechter Daumen
KAPUTT
Kopf
KAPUTT
ich

in dieser Gesellschaft
soll perfekt sein
ICH
makellos schön

Muss ich das?
Will ich das?

ich lebe

SCHÖN

Wie soll ich vergeben

Vergib ihm.
Vergessen kann ich nicht.

Vergib ihm.
Wie bitter mein Herz ist.

Vergib ihm.
Wie bitter Bitterkeit schmeckt.

Vergib ihm.
Wie bitter Bitterkeit mich frisst.

Vergib ihm.
Ich kann nicht.
Bitter.

Smile

Entdecke in mancher Traurigkeit –
das Land des Lächelns.
Lächeln,
lächeln.
Smile,
smile.

ars vivendi

Die Kunst zu leben.

In der Stille
die Ruhe suchen.
Gelassen –
in Gelassenheit schweben.
Meditation der Sinne –
die Blindheit sehend werde.
Im Meer
ich den Schlüssel finde.

Mein blauer Salon

Kind ausgezogen.
Zimmer verwaist,
kahle Wände –
Winterstarre.

Was mach ich mit dir?
Du wirst mein blauer Salon:
blaue Gardinen,
blaues Chaiselongue,
blauer Lampenschirm,
Fransen blau,
blaues Aquarell,
Wände sonnengelb
Komposition mit blau –
meeresblau.

Winterliche Stille –
Ruhe brauche ich
für die Klarheit
meiner Gedanken.
Kind ausgezogen.
Zimmer verwaist …

nun blau.

Mein liebstes Kleid

Ich trug es gern
in Kindheitstagen
mein rotes Cordkleid
mit schwarzen Kulleraugen,
gekürzt und gebügelt
von Mutters liebevoller Hand.
Seh ich dich
Marienkäfer
rot mit schwarzen Punkten,
zähl ich sieben Punkte,
sieben Jahre alt,
denk an mein Kleid,
das Rote –
mit den schwarzen Punkten.

(für Mutti)

Hommage für Mutti

Du hast mich geboren,
mich behütet,
mir gegeben,
selbst wenn du nichts mehr hattest.
Hatte ich ein Loch im Herzen,
hast du es geflickt,
genäht mit Liebe zu –
Mansardenschneiderin meiner Kindheit.

Du bist jetzt anders.

Jetzt behüte ich dich,
gebe dir,
bin einfach da,
flicke.

Fußball

Oma fragt:
»Was macht der Fußball?«
Du sagst:
»Der Fußball ist rund.«
Du willst,
du willst immer noch.
Du kämpfst,
du kämpfst immer noch.
Du gibst,
du gibst immer noch –
alles für alle,
alles für den Sieg.
Ob Sieg,
ob Niederlage –
Tränen sind immer,
Freud und Leid.

(für meine Tochter)

Die intrigante Sekretärin

Frau W. hat ein Problem.
Nett,
freundlich
Sekretärin zu Frau W.:
»Frau W. wir machen das so.«

Ein Monat später:
Nett,
freundlich
Sekretärin zu Frau W.:
»Wir machen das schon.«

Ein Monat später:
Sekretärin zu Frau W.:
»Frau W. rufen sie mal den Chef an.«

Ehemann von Frau W. zu Frau W.:
»Du musst unbedingt zu Herrn X.«
Frau W. schreibt einen Brief an Herrn X.

Angelegenheit geregelt.
Danke!

Ernte

Über Ähren streicht leise hinweg
der Juliwind,
und sie wiegen sich
in ihrer Schwere,
leicht die Köpfchen geneigt,
goldbraun im Abendwind.
Ein roter Schatten fällt
über'n Mähdrescher hinweg.
Unter ihm die Stoppeln
tief verwurzelt im Heimatboden.

Alle wurden geköpft.

Stillleben: Tulpen im Glas

Tulpen auf Zehenspitzen sich reckend,
endlos –
die Beine der Venus,
anmutig tanzend,
in Grazie betörend,
pastellfarben –
den Frühling einläuten …

In meinen Träumen

In meinem Traumgarten
Stille,
eine Zauberin –
den Stab erhebt,
Verborgenes erwacht,
das Eden der Unversehrtheit
behütet in des Mutters Schoß,
die Sehnsucht nach der heilen Welt.
Die Nacht wird zum Tag.
Schmetterlinge schwelgen
sonnengebadet
im Lavendelelixier,
betörend,
euphorisch,
makellos schön.

Goldmohn

Goldmohn –
ich schlafe im Land der Träume,
der Wünsche –
den intensiven Traum,
gelb – orange
Farbe der Heilung.

Unter'm Kastanienbaum

Im Gras
gefallenes Laub
in gelb und braun,
den letzen Atemzug nehmend,
den einzigen Sommer vergessend.

Den stachligen Schalen
entsprungene Gesichter.
Rund und prall
schauen sie
in die neue Welt,
um diese zu entdecken.

Passion einer schwer erbrachten Frucht.

Verlorener Traum

Ich träume –
ein goldiger Traum.
Ich kreiere
spielerisch leicht
Wort für Wort,
Satz für Satz.

Der Mohn
rollt seinen Teppich aus,
seinen Zenit entfaltend,
zinnoberrot,
im Kornfeld träumend –
eine Sommerballade.
Umgarnt vom säuselnden Wind:
Pflücke mich!
Nimm mich!

Wort für Wort,
Satz für Satz,
Blüte für Blüte
gepaart im Spektrum des Lichts,
den letzten Traumfetzen pflückend,
verliere ich –
diesen Traum.

Morgengruß

Feuergeflammter Himmel –
morgendliches Farbenspiel
sich ständig mischend.
Von Augenblick zu Augenblick
die Sonne ihre Boten schickt.
Ihr Auftritt auf leiser Sohle,
die Bühne hochschreitend,
erhaben mich begrüßt
der Feuerball –
ihr Sonnengruß.

Sonnenaufgang

Die Sonne mit dem Himmel flirtet.
Begierde im Flammenmeer ertrinkt.
Wolkenzuckerwatte flambiert –
mir als Gourmet –
zum Frühstück serviert.
Auf der Sonnscheinpromenade
du und ich
von Angesicht zu Angesicht.

Mein Hiddensee

Möwengeschrei,
Meeresrauschen –
Tai-Chi für meine Seele.
Heidekraut in Meeresfarben,
Sanddorn im orangefarbenen Ballkleid,
reetgedeckte Häuser –
laden zum Verweilen.
Majestätisch der Leuchtturm –
mich begrüßt,
mich verabschiedet.

Ostseestrand

Strand der Perigonen,
jedes Sandkorn gleicht dem andern,
weiß in weiß,
klein in klein,
Sand im Sand,
Bild im Bild,
Traum im Traum,
Traumstrand.

Das Meer

Ebbe und Flut
Kampf der Giganten
was du mir bringst,
nimmst du mir wieder.
Ein Spiel –
eine Woge von Geben und Nehmen
endlos ...

Momentaufnahme 2

Ich setze mich in den Schaukelstuhl.
Meine Seele baumelt hin und her –
ruhelos –
rund um mich der Dünensand
und das Meer.
Wie frei ich mich fühle,
eins mit der Natur –
zu mir selber finde.

Das Spinnennetz

Das seidene Garn
zum Filigran gesponnen,
gefangen die Silbertropfen
im Morgentau,
gefangen der Zitronenfalter
vom letzten Sommer,
gefangen meine Gedanken,
mein Traum.

Warten auf das,
das sie gefressen werden.

Halloween

Mystisches Gruselfest,
Hexen und Gespenster,
willst du
Süßes oder Saures?
So ziehen sie
zu den Häusern,
leuchtend tieforange
mit den Kürbisfratzen –
erwartungsvoll,
frei jeglicher Religion,
wiederentdeckend –
heidnischen Brauch –
amerikanisch.

oktoberromanze

kraft der sonne
durchflügelt
den oktobertag
goldene blätter
taumelnd
im hauch des windes
pirouetten drehend
ballerinentanz
zur komposition

Herbstzauber

Wälder in den Farbtopf getaucht,
die Farben mischend,
das Grün vergessend,
so steh'n sie da in ihrer Pracht,
verzaubern mich.
Blätter tanzen –
geheimnisvolles Rascheln,
spielen Verstecken
vor dem Winter –
dunkel und grau,
die Farben verlierend –
gespenstisch dann.

herbstblatt

herbstblatt
wie meine hand
haut aus pergament
lebenslinie schwach
herzlinie ergraut
schicksalslinie durchkreuzt
gefallenes blatt
nicht zwei sommer alt

heb mich auf
begrabe mich

Herbststurm

Der Wind
spielt seine Herbstsonate.
Stürmisch,
heulend
treibt er die Wolken –
seine Schäfchen
durchs Land,
peitscht den Regen
mir ins Gesicht –
nasskalte Strenge.
Ich hätte es lieber in Moll,
sanftmütig,
gelassen.
Doch er will es nicht.

blätterfall

blätterregen
den sommer in dir
liaison des herbstes
wallende segel
gesetzt auf sturm

Spätherbst

Bäume sich entkleiden –
leer,
den Herbstmantel entledigt –
nackt.
Mir ist kalt,
wärm mich –
Schnee,
hol den Wintermantel raus!

Plötzlich Winter

Über Nacht ist es geschehen,
der Winter ist eingekehrt.
Schneekriesel –
sternenfunkelnd,
Pfützen –
eisig,
feengleich –
mich empfangen.

Winterzauber

Engelshaar in den Bäumen,
Schneereif –
Diamantendiadem –
im Sonnenlicht,
Kristallblumen
in den Fenstern,
unsichtbare Zauberin
verzaubert mich.

Ende eines Sommers

Mein Haus
noch voller Sommer,
Meeresrauschen in Muscheln,
Seeigel auf dem Fensterbrett.
Geranien kunstvoll sich recken,
Rosengirlanden sich winden,
ein Marienkäfer sich verirrt.

Der Herbst gegangen,
der Winter begonnen,
die Blumen erfror'n.

Ich konnt dich
nicht halten –
Sommer.
Es weihnachtet schon.

Im Keller bei voller Stunde –
die Uhrenmelodie –
ich kann dich hören:
Nebelhorn
Möwengeschrei
Meeresrauschen –
Sommer.

Es weihnachtet

Bei einer Freundin das Haus geschmückt.
Ich kann es schon von weitem seh'n,
die vielen Lichter bonbonfarben
wie auf dem Rummelplatz.
Ich komm dich mal besuchen,
mal schau'n, Vorfreude naschen.
Wunderschön arrangiert
die Weihnachtssterne, Figuren,
das Tannengrün mit dem Feenhaar.
Räucherstäbchen die Luft lavendeln,
Glühwein mit Zimt
was für ein orientalischer Duft.
Es weihnachtet –
Balsam für meine Seele.

Fragen

Dunkel war's inmitten
von Bäumen am See.
Es fing gerade an zu regnen.
Plötzlich warst du da –
meine Mondscheinlaterne
am Himmelsbett.
Was bist du?
Bist du der Mond,
ein Regentropfen, ein Ufo?
Wer bist du?
Ich habe heut Geburtstag.
Bist du ein Geschenk des Himmels?
Ein Geburtstagsgruß von wem?
Ich will es wissen. Sag es mir
Mondscheinlaterne.
Wer bist du?

wolkenreise

schneegrauer himmel
wolke für wolke
segelt im wind
wollschäfchen
aneinandergereiht
schwimmend im ozean
regatta der schiffchen
wo hirtest du hin

ins blaue nimmerland

in dunkler nacht

die nacht
nachtblau
sternenhimmel
eingetaucht
in den lichterozean
unendliche weite
geheimnisvolle
reise
die entblätterung
erleuchtung findet

Traumwolke 1

Im Land der Sonnen
gibt es keine Wolke Traurigkeit.

Traumwolke 2

(Seelengedanke)

Ob ich es will,
ob ich es nicht will.
Ich komme überall hin,
und sei es der Himmel.

Traumwolke 3

Auf der Autobahn
da laufen sie,
die Hasen,
gejagt vom Jäger.

Dann stand es in der Zeitung.
Jäger tot.

Traumwolke 4

»Schach«, sagte die Dame zum König.
»Matt«, sagte der König zur Dame
und fiel um.
»Schach«, sagte die Hummel zur Blume.
»Matt«, sagte die Blume zur Hummel
und verlor ihr Schachbrettkleid.

Rendezvous mit dir selbst oder Langeweile – Rondell

Dir ist langweilig.
Du sitzt allein in einem Cafe.
Du rührst mit einem Löffel im Milchkaffee.
Dir ist langweilig.
Du schaust um dich.
Du kennst niemanden.
Dir ist langweilig.
Du sitzt allein in einem Cafe.

Regenkrimi – Rondell

Du gehst durch den Regen.
Dir ist kalt.
Du fühlst dich einsam unter'm Schirm.
Du gehst durch den Regen.
Es tropft regennass von den Blättern.
Du träumst vom warmen Sommer.
Du gehst durch den Regen.
Dir ist kalt.

Elfchen 1

Katzenaugen
Hypnotischer Zauber
Im mystischen Grün
Schauen gelassen mich an
Macht

Elfchen 2

Luftballon
Mein Traum
Vom Wind getragen
Fliegt in die Welt
Kunterbunt

Elfchen 3

Leben
Eine Bühne
Bunt wie Laub
Der Vorhang senkt sich
Danke

...

Ich wurde mal gefragt, wie mir alles so einfällt, worüber ich schreibe. Hier eine Antwort:

An einem Sonntag saß ich mit meiner Familie am Frühstückstisch und träumte vor mich hin.
Plötzlich fiel mir eine Zeile ein, dann noch eine.
Schnell nahm ich einen Notizzettel und einen Stift, schrieb die zwei Zeilen auf, dann die Dritte, dann noch die Vierte.
Ich legte den Zettel bei Seite, nahm einen neuen Zettel und sagte zu meiner Familie:
»So und jetzt schreibe ich den Einkaufszettel.«

Epilog

»Solange man sich verändern kann, braucht man keine Angst vor dem Leben zu haben.« [1]
Den Satz las ich auf einer Karte im Sommer 2006 im Urlaub. Über diesen Satz habe ich viel nachgedacht und mein bisheriges Leben geprüft. Der entscheidendste Moment überhaupt zum Schreiben gekommen zu sein, war der, durch meine ehemalige Deutschlehrerin überhaupt entdeckt worden zu sein. Wäre sie nicht gewesen, hätte ich nicht einmal gewusst, dass ich eine lyrische Begabung habe. Danke! Der zweite Knackpunkt war paradoxer Weise mein schwerer Unfall und die Entdeckung, das mein Leben noch lebenswert ist. Eigentlich dürfte ich nach dem Unfall nicht mehr sein. Mir wurde mein Leben ein zweites Mal geschenkt. Ich bin seit dem Unfall behindert, und ich werde nie wieder so sein wie vor dem Unfall. Mal geht es mir so und mal geht es mir eben so. Ich habe wieder zu schreiben begonnen und kleine Erfolge gehabt. In einer eigenen Lesung 2006 habe ich festgestellt, wozu ich meine Stimme und Aussprache überhaupt habe. Die Zuhörer baten mich eindringlich, unbedingt weiterzuschreiben. Mit meinem Buch möchte ich alle ermutigen, das Leben so anzunehmen, wie es ist und sich nicht aufzugeben. Schaffen Sie sich eine kleine Phantasiewelt, eine Oase in der Sie leben können. Es lohnt sich zu leben.

Karin Wegner

---

[1] Karte Kultura 4083, Gutsch Verlag 10711 Berlin, Katharinenstr. 8